김진년 시집

가시나무는
바람으로 자란다

시인의 말

내고서야 비로소 후련해지는 세금 같은 나의 시

 제가 쓴 시들은 어둠으로부터 시작해서 회색빛 세상을 지나 희망과 미래가 있는 밝음과 기쁨으로 가는 여정, 그 어디쯤에 서성이고 있습니다.

 정확히는 기억을 못합니다.
 사고로 인하여 의식을 놓아버리고 언어를 잃어버린 저는 병원에서 언어를 다시 익혔습니다. 아마 94년 초순일 기에요. 서울의 어느 정형외과 병원 입원 당시 물리치료 실습생에게 전 꽃그림을 선물했었고, 실습 마지막 날 그 실습생은 제게 류시화 시집 "그대가 곁에 있어도 나는 그대가 그립다" 한 권을 선물해주었습니다. 그 후 제 삶에서 시는 소중한 의미가 되었습니다. 이 시인처럼 시를 쓰고 싶다는 열망에 처음 펜을 들었습니다. 그렇게 하루 한 편씩 시를 썼었죠. 그때부터였을 겁니다. 시가 제 삶에 들어온 것이…

처음엔 그저 제 삶을 기록하는 것이라 여기며 순간 순간에 집중했었고, 1시간 남짓의 시를 쓰는 시간은 제 하루의 루틴서럼 취침 전 삶이 되었습니다. 그렇게 행복에 절여진 날이 있었습니다. 하지만 시를 쓰지 못한 밤은 잠을 이루지 못하여 1년에 대략 90~100일 정도는 못 잤었고, 그런 날이면 일상이 꼬이기 십상이었습니다. 낮 밤이 뒤바뀐…

그리고 언제부터인가 시가 세금처럼 느껴졌습니다. 하루를 편안히 살아온 것에 대한 나 자신에게 세상이 청구한 세금. 설령 내지 않는다고 어느 누구도 강제 징수하지 않지만 내고나서야 후련해지는, 오늘 하루 평안히 살아온 내 삶의 대한 세금.

남들보다 뒤늦게 고등학교와 지방 전문대를 졸업한 후 장애인 거주시설에서 생활 중 휴게실에 비치한 "문학바탕"을 접하고, 몇 번의 고배를 마시다가, 2016년 6월호에 "화분으로 성숙해지다" 외 4편으로 등단하게 되었습니다. 부족함에도 저의 재능을 인정해주시고 등단이라는 기회를 주셨으며 제 작품에 의구심이 생길 때마다 격려해주시는 문학바탕 곽혜란 발행인님과의 인연은 이렇게 계속되어 오고 있습니다.

  이번 시집을 내는 데 도움 주신 한국예술인복지재단에 깊은 감사드립니다. 그리고 서툴고 실수하더라도 이 아들을 믿고 응원해주신 아버님께 이 자리를 빌려 평소 못 드린 말, 사랑한다고 말씀 드리고 싶습니다. 그리고 또 마지막으로… 하늘나라에 계신 어머님 영전에 이 시집을 바칩니다.

  앞으로 제 삶이 어느 방향으로 향할지는 아직 알 수 없지만, 제 시를 보고 "어둠 속에서 아련한 빛으로 희망과 기쁨, 밝은 쪽으로의 방향을 노래했음"이라고 말해준 어느 블로거의 말처럼 "밝은 쪽으로의 노래"를 계속하고 싶습니다.

2024년 10월 20일
김 진 년

시인의 말　　　　　　　　　　　　　　　　3

1부

내 속에서 울다　　　　　　　　　　　　　12
겨울 호숫가에 앉아　　　　　　　　　　14
모든 것은 울음에서 시작되어, 울음으로 이어져　16
추억은 가끔 삶의 원동력이 된다　　　　19
다이아몬드는 아름다운 세상을 빚는다　20
길 위에서 길을 묻다　　　　　　　　　　22
커튼 뒤에서 맞는 아침　　　　　　　　　24
봄비는 나르키소스를 닮았다　　　　　　26
당신이 잠든 사이　　　　　　　　　　　28
간이역에서　　　　　　　　　　　　　　30
겨울비, 추억의 모티브　　　　　　　　　32
순리대로 살아가다　　　　　　　　　　　33
가슴을 열다　　　　　　　　　　　　　　34
내 안의 고향　　　　　　　　　　　　　36
장승　　　　　　　　　　　　　　　　　38
그대를 따라　　　　　　　　　　　　　　40
그곳에 가고 싶다　　　　　　　　　　　41

2부

가시나무는 바람으로 자란다 … 44
눈물이 나를 돌본다 … 45
그리움으로 지는 나 … 46
요정이 살아요 … 47
닦고, 닦아, 빛이 나면 … 48
내 맘에 칼을 품고 … 50
태초의 흐름 … 52
쇠를 두드리며 … 54
추억은 기억 속에서 눈을 뜬다 … 55
기억의 존재 … 56
기억의 섬에 비가 내리면 … 58
시집가는 날 … 59
세월의 강가에서 보았네 … 60
꿈은 멈추지 않는다 … 62
생명은 마르지 않는다 … 63
내성 키우기 … 64
자유를 그리다 … 65
흙이 되리라 … 66
내 안에 괴물이 산다 … 67
기억 속의 돌담길 … 68
태양을 논함 … 70
슬픔도 희망의 잔재 … 71

3부

슬픈 웃음으로 내가 있다	74
온 곳으로 돌아가다	75
내 탓이 아닌 내 탓	76
희망은 기분 좋은 아이러니	78
내 안의 바다를 거닐어	79
예측과 추적은 끝이 없어라	80
이상은 보이지 않는 투명함을 지녀	82
해는 아름다움을 빚는다	84
열목어에게서 세상을 배우다	85
내 안의 바다를 거닐어 2	86
기음을 메다	87
물을 보며 삶을 생각하다	88
내가 바뀌네	90
꿈의 나루터에서	91
봄을 기다리며	92
현실은 소설이 되고, 나는 햄릿이 되어	93
삶이라는 보물찾기	94
개나리는 노오란 꽃의 향연을 벌이다	95
달빛이 나보다 먼저 편지를 읽는다	96
기억 속엔 안개비만 내린다	98
나는 그대를 닮겠습니다	99

4부

행복해지려 웃는다	102
귓전을 적신다	103
고통이 남긴 익숙함	104
시를 논하는 그대에게	105
살모사의 넋을 따라	106
시인은 시를 마신다	108
내 눈 속에 노을을 가둔다	109
나를 닦는다	110
거울 속엔 내가 없다	111
등불 하나	112
모든 문제는 안에 있다	114
세수를 하며	115
기대 혹은 봄비에 관한 생각	116
당신께 갑니다	117
꿈, 다시 안길 수 없는 품이 되어	118
하늘 닮은 물	119
이상으로의 짧은 여행	120
태양의 죽음	122
그가 내 안에 있다	124
밤비는 새벽을 몰고 온다	125
찻잔 속에 태풍처럼	126

1부

내 속에서 울다

검은 새여!
남루한 옷을 입고서, 푸른 하늘, 푸른 세상을 등에 업은 네 모습
슬픈 눈을 가진 이유로 슬픈 노래만 부르는 이여!

언제부터인가 속으로, 속으로 울기 시작했다
까마귀가 울면, 더욱 서럽게 울던 이
까마귀는 "까악 까악" 그는 "꺼이 꺼이"
그렇게, 그렇게 까마귀를 닮아갔다

언제부터인가 그가 없음을 알았다
그의 울음소리가 멎는 순간부터 나는 속으로, 속으로 울고 싶어졌다
그가 되고 싶어졌다

그가 검은 날개를 활짝 펴고서, 내 머리 위로 원을 그릴 때면

나는 속으로 울어야 했고
그가 멀리 떠나버린 후엔 귓가를 스치는 저 바람소리
조차도 내 얘기인 듯해, 눈가를 적셔야 했다

언제부터인가 나는 속으로, 속으로 울기 시작했다

겨울 호숫가에 앉아

겨울바람은 분주하다

그대 겨울의 북풍 한 점
이 세상 삼라만상이 날리도록 불어와, "고요하기 그지없던 그의 마음을 흔든다"하니
호수는 깨어진 거울이 되어
찢어진 내 얼굴로 어지럽다

나 호숫가에 앉아, 가만히 들여다보나니
이 바람이 잠들고 나면, 흔들린 물결은 평온을 찾아, 온전한 나를 보여주리라
내 모습 되찾아 주리라

불어라. 거센 바람이여
어둔 창공에, 잔잔한 호수에, 고요한 내 가슴에

불어라. 새로운 바람이여

거치른 손길은 거치른 땅을 다지고, 고운 손길은 잔잔한 물결 위로 앉아, 잔물결을 만들어라
 가슴 속 깊이 너의 손길이, 너의 움직임이 베어지게…
 불어라. 지혜로운 바람이여
 이 세상을 흔들어, 많은 이의 가슴에 응어리진, 어느새 장벽이 되어버린 갈등의 구조들을
 그 모든 모순들을 허물어, 허물어버려라
 지역 간의 벽도, 세대 간의 벽도, 빈부 간의 벽도 너를 막지 못하리라
 36.5도라는 너의 손길만은 얼리지 못하리라

 그대, 겨울의 북풍 힌 줄기
 내 안을 온통 헤집고, 폐부를 드러낸다
 고운 마음은 굴하지 않는 두꺼운 갑옷을 입는다

모든 것은 울음에서 시작되어,
울음으로 이어져

냇물은 언제나 나를 두르고 있었다
내 손길에, 내 마음에 흘러서, 자신이, 흐르고 있음이 알려질 때까지 그는 그렇게 흐름일 뿐인 것이다
제 아무리 위대한 생명도 하나의 흐름일 뿐인 것이다
모든 것이 울음에서 시작되어, 울음으로 이어지곤 한다

나는 언제나 냇물을 바라보고 있었다
그 물결이, 그 움직임이 감싸와, 내가 살아있음을 느낄 때까지 나는 그저 흐름을 바라보고만 있으려 했다
하지만, 바람이 어느새 불어와, 내 머리를, 내 자리를, 나를 흔들어, 내 모습 나조차 가질 수 없게, 형체도 알 수 없게 만들어, 단번에 나를 지워간다

냇물은 언제나 슬피 울고 있었다
자신도 흐르는 세월이 아쉬워, 아쉬움 속으로 삼키며, 다만, 자신을 가린 그림자 속에선 더 크게, 더 슬피 울어야 했다

그것만이 자신의 숨결을 느낄 수 있는, 자신에게로 가는 유일한 길인 듯싶어서, 비명 아닌 비명이 새어나오도록 자신을 채찍질했다

나는 언제나 나부끼고 있었다
나를 흔드는 세월이 두려워, 두려움에 떨며, 다만, 자신을 흔드는 바람과 맞서야 했다
하나의 깃발일 뿐이었다

냇물이 고인 곳에 가보면, 나를 흔드는 세월을 느낄 수가 있다
어린 내가 있던 그곳엔 어느덧 부쩍 커버린 또 다른 모습을 한 내가 있고, 내 모습은 어디에도 없다
이방인
모진 세상살이에 지친 낯선 모습에 나는 또 한 번 애처로운 눈빛을 보낸다
그도 그런 내가 애처로웠는지 애처로운 듯한 눈빛으

로 나를 본다

  냇물이 고인 곳에 가 보았다
  움직임도, 맑음도 없이 다만 죽어 있었다
  더 흐르지 못하고, 뿌옇게 모습을 드러내는 주검

  앞이 막힌 곳은 어김없이 죽어가리
  이제는 머리를 들고, 하늘을 본다
  내게로 열려진 세상이 슬퍼하지 않게 내게 열려진 만큼 세상이 비워준 내 몫의 여백을 채운다

추억은 가끔 삶의 원동력이 된다

　가만히 눈감으면, 늙으신 할머니께선 기억의 한 가닥 잡고 계십니다
　돌아보면, 놓아버리면, 날아가는 아이의 손에 꼭 쥐어진 오색 풍선과 같은 기억이라서, 풍선에 매인 실을 놓지 않는 아이처럼 기억의 한 가닥을 잡고 계십니다

　할머니만큼이나 늙어버린 시계
　그대로 멈춰버린 시계추는 지난날 그리움입니다
　그대로 멈춰버린 그리움은 지난날 아쉬움입니다

　기억 속 할머니께선 황톳빛 치마와 저고리 입으시고, 태엽을 감아, 흐르는 시간에서 띨어져, 나온 시계추의 힘을 북돋아 주십니다
　할머니께선 삶의 태풍 속에서 지쳐, 쓰러진 손자의 가슴을 어루어 주십니다

다이아몬드는
아름다운 세상을 빚는다

풀밭에 뒹굴어도, 풀숲에 가려도
그렇게 버려질 것을 알기에, 그리도 애달프게 나를 부른다
내 시선을 놓지 않는다. 세상이 초라해지도록 빛을 낸다

뼈를 깎는 아픔을 누가 모르랴?
자신이 무너지는, 사라지는 허무를 누군들 반기랴?
하지만, 그 속의 깊은 뜻을 알기에, 그리도 빛을 내는 너

괴성. 탄생은 고통스런 희열
고통 속에서 보람을 찾을 수만 있다면, 고통도 결국엔 소중한 재산이 된다
힘에 겨워, 고통에 원망도 해보지만, 원망이 무색할 정도로 커다란 보람이 된다
괴성. 소멸은 즐거운 괴로움
가벼움이 만든 무게는 내가 견딜 수 없는 무게가 되어, 내 맘을 누른다

가녀린 빛은 이 세상 것이 아닌 듯 단연 세상 속에서 돋보이고
 내 눈빛은 밤하늘 북극성이 되어, 또렷이 이 세상을 비춘다

길 위에서 길을 묻다

여기 길이 있다
이 첩첩산중에도 길이 있다
자유로워야 갈 수 있는 곳
나의 이름으로 도무지 알 수 없고, 닿을 수 없는 그런 곳으로 가는 이가 있다

그곳이 어디던가?
옹달샘이던가? 끝없이 생명이 솟아오르던 곳
들판이던가? 오후의 한가로움과 방심의 그림자가 낭패의 씨앗을 키우던 곳
보금자리던가? 새끼들이 어미의 품을 떠나지 아니하던 곳

나 그곳에 닿고 싶어 하지만, 이 길은 내 길이 아니고, 내 길이 아니어도, 나 갈 수 있지만, 가지 아니하는 건 이 길은 나를 부르지 아니하기에…
이 길은 그만의 것이고, 처음 가는 내가 이 길과 마주

한다면, 길은 자신을 보여주기보다는 막막한 벽을 보여주고, 아득한 아래와 어두운 앞을 바라보게 하리라

  그곳에 닿고 싶어, 나는 길 위에서 길을 묻는다
  어느 누구 하나 대답하는 이 없어도, 나는 길 위에서 길을 묻는다, 타인에게 길을 묻듯 나 자신에게 길을 묻는다
  이 밤도 어둠에 발 묶인 난
  조심, 조심
  한 발, 한 발 마음을 내민다

커튼 뒤에서 맞는 아침

눈부신 커튼 뒤에선 모든 것이 새롭다
언제 들킬지 모를 두려움
그런 두려움이 새로움을 만든다

커튼 뒤에 숨어, 그대를 보면, 그대는 눈부시다
아침햇살에 사라진 루비
아쉬움의 눈부심처럼 사라지는 순간마저 눈부시다
사라질 때 사라지더라도, 슬프지 않은 양 맑은 미소 건넨다

날이 밝았다
아쉬움은 눈부심으로 씻고, 부스스한 얼굴은 언제 올지 모를 기대로 씻는다
이제야 나는 기쁜 마음으로 새로운 세상을 맞이한다

커튼 속으로 세상의 숨결이 닿으면, 커다란 대문을 열고서, 아침이 오는 소리가 들린다

내 두 눈을 멀게 하는 세상이 야속해, 잔뜩 찌푸린 얼굴로 세상을 대하지만, 나 아직 미소로 여기 서있는 건 세상이 어느새 내 눈 속으로 성큼 들어와, 나를 눈부시게 만들기 때문
 자신을 아름답게 피우기 위한 한 송이 꽃망울의 절정이어라

봄비는 나르키소스를 닮았다

 봄비는 나르키소스를 닮았습니다
 그 손길은 저 하늘 끝에서 시작되어, 땅에까지 닿아, 다시 하늘로 이어집니다
 그는 나에게 닿기까지 세상을 물들이고서, 세상에 물 듭이다
 나를 물들이고, 나에게 물듭니다
 그 모습은 염료를 한껏 뒤집어 쓴 옷감과도 같습니다

 나는 봄비를 닮고 싶습니다
 저 봄비처럼 무한의 궤도를 걷고 싶습니다
 그를 닮아, 나를 희생하고도 싶습니다
 지금은 나를 잃어도, 언젠간 돌아오는 그처럼
 다시금 돌아와, 영원의 길을 걷고도 싶은 심정이 됩니다

 그렇게 나는 언제나 영원을 꿈꿉니다
 아직 잊혀지길 거부하는 난 희미한 기억들을 한 땀, 한 땀 조각하고 있습니다

그런 까닭에 나 죽음이 두려워도, "죽음이 생의 뒤를 따라 다닌다" 하여도 두려움은 이미 내 것이 아닙니다

당신이 잠든 사이

좋은 꿈꾸세요

당신이 잠든 사이에도 그들은 그들의 소임을 다할 겁니다

그러면

당신 그들의 손길을 등에 지고서, 평화의 땅으로 가, 씨앗을 뿌리고 오세요

파아란 희망의 씨앗을

언젠가는 시간 속에서 더 큰 의미가 될 수 있게 토닥토닥 다독여주세요

파아란 희망의 씨앗을

언젠가 그는 지친 당신을 다시금 일어설 수 있게 하는 휴식 같은 친구가 될 테니까요

"어둠이 두렵다" 하지 마세요

당신이 잠들면, 하늘은 하늘빛 푸른 꿈으로 당신을 찾아가, 검은빛 외로운 실루엣을 걷을 겁니다

그러면, 당신이 바라는 세계가 눈앞에 현실인양 나타

납니다
   가슴 속에서 나타납니다
   행복은 늘 그 속에 있지만, 늘 그곳에 있지 아니합니다
   나 역시 늘 가지려 하지만, 가지지 아니합니다

간이역에서

잠시 쉬었다, 가는 간이역
낯설은 산
낯설은 승객
낯설은 풍경들

기차는 달린다. 빨리
'기차가 느리다'고 기차를 재촉할 필요는 없는 것
보이는, 느껴지는 것만이 전부는 아니기에

흔들리는 차창 너머로 세상이 멀어진다. 빨리
나는 가만히 있어도, 아스라이 사라진 세상과 선명히 드러나는 세상
세상이 움직인다
정지함 속에도 움직임이 존재한다
'세상을 산다'는 건 그런 움직임에 익숙해지는 것이다

끝없이 이어지는 철로

하나같이 앞으로 간다
"뒤로 가면, 누구나 다친다" 하여 앞만 본다

공존의 사슬
내 몸이 무거우면, 끊어지는 내 몸을 묶고 있는 쇠사슬
욕심을 버린다

겨울비, 추억의 모티브

겨울이 오면
가슴이 뛴다
나 태어난 고향이 가까워
가슴은 귀에서 뛴다

내 어머니 같은 햇살에
내 아버지 같은 바람이어라

또, 밤이면, 혹 비라도 내리면
그 옛날 고향이 그리워
어둠을 사랑한다

꿈을 만나질 못하고
추억을 만난다

순리대로 살아가다

눈길 걸을 제 함부로 걷지 말지어다

감은 감나무에서 열리고, 곶감은 처마 밑에서 익는다

현재는 과거에서 비롯되고, 미래는 현재에서 비롯된다
오늘의 난 어제의 나에게서 비롯되어, 내일의 난 오늘의 나에게서 비롯된다

오늘의 내가 있는 건 어제의 내가 있어서요
내일의 내가 있는 건 오늘의 내가 있어서라

오늘의 실수가 내일의 업이 되리요
순간의 나태는 평생의 한이 되리라

가슴을 열다

하늘이 열렸다
닫힌 가슴 활짝 열고
나를 위한 미소 한 조각
가슴을 헤집고
내 앞에 선다

어제 헤어진 모습
의미 없는 어둠에게 손길 건네면
세상은 제 옷을 입힌다

꽃잎에 닿아, 아름다움이 되고
풀잎에 닿아, 맑음이 되며
이슬에 닿아, 눈부심이 된다
세상에 닿아 또 다른 의미가 된다

아침에 눈뜨면
싸늘해진 세상을 찾아본다

엄마 품에 잠든 아이
생각은 어느새 그곳에 닿아, 세상이 된다
품에 안은 세상은 적어도, 안긴 세상의 품이 커
몸은 차가워도, 마음이 포근하다

몸과 마음은 같은 곳을 보려 해도
가끔은 몸과 마음이 다른 곳을 보려할 때가 있다

내 안의 고향

나무는 가만히 있으려 하나, 바람은 가만히 두질 않는다
바람이 일면, 나뭇가지가 흔들리고
나뭇가지가 흔들리면, 시골집 문풍지가 떨린다

아!
그곳이 어디던가
나 태어난 곳
산이 병풍 같고
냇물이 유리 같던
내 어머니께서 사시던 곳
가물대는 기억을 따라
이젠 어두워진 길을 밝힌다

냇물에 발 담그고
가재며, 송사리며
모두 친구가 될 수 있던
반짝이는 미소로 대답하던

그런 날이 다시 오리오마는
나 아직 이런 저런 얘기로 눈시울 붉히는 건
아직 고향이 가슴 속에 있어서요
다신 고향에 안길 수 없어서라

장승

그는 넉넉한 마음으로 존재한다
얼굴
꾸밈이 없는, 가식이 없는 얼굴

휘영청 밝은 달 아래 넋을 띄우고
산고의 고통은 또 하나의 생명을 낳는다
괴성
몇 날 며칠 세상을 흔들어
하나의 몸짓은 존재한다
하나의 존재는 탄생한다
온밤을 지새우는 이의 땀 아래
밤을 잊고, 자신을 잊은 시간 아래
세상을 흔드는 외마디 외침

도끼눈에
튀어나온 광대뼈
큰 키로 먼데 있는 잡귀를 쫓네

오래 전부터 있어
이제 그 모습 그대로 자연이 되었네

내 기억 속엔 아직도 나를 지키는 그가 있네

그대를 따라

날아가리다. 세월보다 빨리
눈썹이 휘날리도록 날아가리다
그대가 누구인지 몰라, 못 갈 뿐 내가 필요하다면
내게 연락이 닿으면, 하늘의 구름이 되어, 한줄기 미소 던지리
겨울 하늘의 손길로 삭풍을 만들 듯
그대 눈길 닿은 곳, 그대 숨결 배인 곳 찾아
살아온 만큼 헤매이리
이제 삭풍을 안으리
그대를 따라 어디든 가리

그곳에 가고 싶다

내 귓가에 심은 대나무
하나, 둘 자리를 잡아가고
어느덧 숲을 이루어
바람 부는 날이면
숲을 떠돌던 바람은 귓가를 맴도는 시의 넋이 되어
마침내 내게로 오네

바람소리
대나무 숲을 지나온 바람의 입에서 나온 기이한 소리

이 밤을 나와 함께 걸어볼까
그가 남긴 내 뇌리에 깃든 기억의 손짓
꿈의 강 너머 있을 법한 아지랑이를 캐러 가볼까

그곳엔 내 잃었던 기억이 있고, 나를 부르는 손길이 있어
그곳에 닿으면, 나를 반가이 맞아줄 이가 있으리
그곳에 가고 싶다

2부

가시나무는 바람으로 자란다

이제 바람이 인다
쓰러진 풀뿌리를 세우고
가시나무에 박힌 눈들을 흔들어, 깨운다
오늘이 어제인 양 흔든다

벽에 기대어, 나무가 자란다
"언제까지 잠만 잘 거냐?"고 가만가만 나무를 흔든다
그렇게 나무는 바람으로 자란다

단단한 껍질이 필요하다
연한 속살을 지키기 위해 더욱 그러하다
부드러움은 강함을 가진다

눈물이 나를 돌본다

가슴이 웃는다
속으로 웃는다
한참을 울다가 울다, 지친 모습으로 나를 보았을 때
내 안에 또 다른 난 무거운 짐 내리고
언제부터인가 마음으로 웃고 있었다

기쁨이 낳는 기쁨을 생각한다
슬픔이 낳는 슬픔을 생각한다
때론
기쁨이 낳는 슬픔을 생각한다
슬픔이 낳는 기쁨을 생각한다

오늘은 가슴 후련하게 한 번 울어본다
눈물은 고마운 손길
병든 가슴을 어미처럼 돌본다

그리움으로 지는 나

발가벗는다
그렇게 발가벗고, 살을 도려낸다
그리하면, 피가 나리라
그것이 정상이고, 순리이리라

한 꺼풀 벗는 것
지금을 잊고, 옛날로 돌아가는 것
불가능한 일
급류를 거스르는 어떤 힘

그날이 그리워진다
나를 떠나, 멀리 떠나오던 날이 그립다
이제 그리움이 가슴을 채우면, 애절함만 더한다

그리움으로
그리워할
그리움을
그리워한다

요정이 살아요

숲 속에 살아요
숲 속에 살아요
나무랑, 꽃이랑 더불어
이슬 먹고, 푸르름 입고
도란도란 살아요

가녀린 빛을 지녀도
그 빛 꺾이지 않는 빛이 되어

나무만 기르면
정갈한 마음만 있다면
혹, 우리가 외면한데도
인제고, 어니서고
당신이 힘겨울지언정
세상을 위해
모두를 위해
자신을 위해
숲 속에서 살아요

닦고, 닦아, 빛이 나면

헛되고, 헛되고, 헛되도다
하지만, 더 헛된 건 헛될지라도, 헛됨을 버리지 못함이리라

헛됨을 버리고, 참됨을 가지려는 이
그를 따라 나 이제 헛됨을 찾아, 참됨을 찾아
버리고, 가지고
품고, 내뱉고
마음에 비추어, 다시 확인

헛됨은 벗겨보나, 마나 헛됨
파아란 수박은 쪼개나, 마나 허연 속살

첫인상은 중요하다
속이 보이지 않아, 판단기준은 첫인상에 맡겨지는 법
그러니, 마음이여!
시리도록 아픈 내 눈빛이여!

노여워 말라
마음을 닦고, 닦아, 빛이 나면, 무표정한 내 얼굴 위로도 무지개가 내릴지니

내 맘에 칼을 품고

내 맘에 칼을 품고, 살의를 품고
가만히 본다
보고, 또 보고
맘에 안 드는 놈, 눈엣가시 같은 놈
가차 없이 자른다. 잘라버린다
자르고, 잘라, 마지막 남은 놈을 품으로

나는 애송이
가슴으로 시를 쓰건만, 둔한 펜촉을 든
둔한 펜촉으론 가슴속 깊이 울리는 언어를 옮기지 못하는 사람 잡는 선무당

시어들이여!
내가 알고 있는 것보다 더 많은 의미를 지닌 아름다움이여!
고개 내밀지 마라
고개 내밀 만큼 속으로, 안으로 집어넣어, 너만은 살아라

하나는 살아야 하질 않는가?
내 아련한 기억 속에 살아갈 이여

태초의 흐름

"졸 졸 졸 졸"
끝없는 흐름이 내 안에 흐른다
내 어머니의 뱃속에서 시작된 그 소리는 이곳까지 흘러, 내 안을 흐른다
아직 갈 길이 멀어, 쉼 없이 흐르는 흐름
더 큰, 더 넓은 곳을 향해
좁은 곳에서 넓은 곳으로 흐르는 붉은 물결

"졸 졸 졸 졸"
희미한 풍경이 선명해지는 소리

눈을 감는다
어둠
어머니와 같은 포근함
어둠은 포근함을 낳는다
가슴 속 가득한 어머니의 숨결

나를 낳은 건 어둠이었다
어둠이 나를 낳고, 어머니는 그 어둠의 주인이셨다
그것은 운명이었다
내가 어디에 있건, 어디에서 무엇을 하건
다만, 그것은 어머니의 안에서부터 출발한 기차일 뿐이었다

나 이제 떠나리라
내 어머니의 기억을 담고, 그 오랜 시간을 준비하여
또, 기다려온 많은 날을 위해
기억을 묻은 손길로 내일을 더듬으며
다만, 한 발 한 발 나아가리라

쇠를 두드리며

쇠를 두드린다
무른 것을 단단하게
무르디 무른 마음
견고하고, 단단하게

쇠를 두드리는 망치
몸을 건드리는 신경
마음을 흔드는 심경
모두가 좀 더 나은 내일을 위해 오늘도 열심이다

쇠를 달구어, 연하게
쇠를 두드려, 강하게
쇠를 식히어, 더 강하게
그렇게 연함과 강함을 가하면, 겉모습이 바뀐다
속내가 바뀐다

추억은 기억 속에서 눈을 뜬다

바라건대 오늘을 잊지 않기를
하루하루 변하는 세상
변하는 세상 속에서 쌓이기 싫어도, 쌓이는 세월의 흔적
변하고 싶어, 변하는 세상이 어디 있겠는가?
흐르고 싶어, 흐르는 냇물이 어디 있겠는가?

바람이 분다
흔들리는 나뭇가지 사이로 바람은 부대끼고
추억은 기억 속에서 눈을 뜬다
스치는 바람결에 일어난 기둥
추억을 일으켜 세워, 내 집 뜰 앞을 서성인다
하이얀 그리움을 만든다

기억의 존재

가슴에 한 줄기
소나기 한 줄기
그리운, 죽어간 존재
잡을 수 없었네

그대 가슴에 소나기이고 싶은
그대 생각에 흔들리는 저 가지
진실마저 날아가네

바람. 모든 존재를 날리네
바람. 모든 존재를 만드네

세상. 끝을 맺으려, 마침표를 찾는
세상. 이젠 시작이 이름이 된 이름

아니다
나를 움직이는 건 언제나 이 세상

세상을 움직이는 나인 것이다

기억의 섬에 비가 내리면

비가 내리면, 내 마음은 바다를 건너
그 섬에 닿는다

작은 섬 하나
성난 파도 등에 짊어지고, 회상의 구름을 부른다
추억의 비를 뿌리고는 어두운 굴 속에 가둔다

추억이 내리면, 굴 밖의 세상이 궁금하다
굴 밖의 세상이 나는 그립다
갈 수 없어, 더욱 그립다

비가 갠 후 돌아가리다
이 굴이 마음에 안 들면, 돌아가리다
굴 밖의 세상이 그리워지는 날 돌아가리다
비가 내려도 돌아가리다
온 곳으로 돌아가리다

시집가는 날

가네 가네
어여쁜 아씨
예쁜 빛 너울 쓰고, 꽃가마 타고, 시집가네
지나는 자리 슬픈 기억 뿌리고서
남의 사람 되려, 다시 못 올 꽃길 지나네

하늘은 푸르네
손 대면, 금방이라도, 깨질 듯 한없이 푸르네

마음은 슬프지만, 아씨를 위해 밝은 미소로 보내네
다시 볼 수 없기를 기원하며
행복을 기원하며
가는 이 내 맘에서 떠나보내네
멀리 보내네

세월의 강가에서 보았네

세월의 강가에서 보았네
어제와 오늘이 만나는
오늘과 내일이 마주하고, 생을 만드는 풍경을 보았네

강은 슬피 울고 있었네
오늘이 멀어지는 것을 보며, 어제가 잊혀지는 것을 보며
아쉬움에, 서글픔에 서러운 울음으로 울었네
가끔은 내일이 두려워, 두려운, 근심어린 표정 지우려,
과장된 표정을 짓네

세월의 강가에 서서, 보았네
여러 갈래의 물줄기들이 서로 껴안은 채 한 몸이 되는
마지막 몸부림을
몸부림치며, 고요함을 찾는 걸
혼란 속에 고요가 존재하는 걸

그렇게 강은 생명을 가지고, 움직임을 가지네

그렇게 강은 이전의 것을 먹고, 이후의 것에 먹히네

꿈은 멈추지 않는다

겨울
낮이 짧아지면, 세상을 지배하는 밤은 길어, 우리의 잠은 평화롭다

혹 눈이라도 내리면
우리는 눈 속에 누워, 눈 속에 묻힌 자신을 보리라

아침이 와도, 녹지 않고
날카로운 햇살에도 깨어지지 않는 그 꿈
얼음의 꿈을

잠에서 깨어나도, 꿈은 계속 된다
얼음이 녹을 때까지 우리는 꿈을 꾼다
하이얀 얼음의 꿈을

아직 봄은 멀리 있지만, 세상이 속으로 움직일 때
내 봄은 내 꿈이 되어, 내 안에 있다

생명은 마르지 않는다

이 산에 물이 흐른다
물을 품어야 산이다
산은 물을 품고, 푸르르다
산수만 없다면 푸르름은 사라지리라

산수는 이 산의 생명이요
젖줄이기에, 그토록 많은 존재가 푸르름으로 존재한다

푸르름 속엔 자연이 산다
외형은 변했어도, 아직 손대지 않은 자연이 태초의 습성을 가진 채 존재한다
나 보란 듯이 산다

세월은 흘러, 세상은 변했지만
가시지 않은 바닥의 물처럼 습성은 존재를 이루는 기본이 되어, 속으로, 속으로 흐른다
생명은 속으로, 속으로 흐른다

내성 키우기

상처를 헤집는다
자고 있는 세포들 소스라치며, 잠을 깰 때까지

상처를 재우면, 병이 된다
상처를 키우면, 병이 된다

상처를 이겨야 하리라
알코올에 취하고, 구토에 지친 세포들

그렇게 나는 나를 단련시킨다
나는 나를 단련시킨다

자유를 그리다

기억 속에 흔들리는 깃발 하나 내 눈을 어지럽히고
가는 실눈 속엔 빛나는 광채가 있다
흐린 기억 속으로 접어드는 광채가 있다
빛이 있음에도, 나 눈뜰 때까지 헤매는 건 내 자유로운
습성이 자유롭지 못해서요
자유로운 이상이 내 안에 갇혀있기 때문이리라

시를 짓는다
습성을 깰 수 있는 생각
자유로운 내 안의 습성에서 부드러운 필체가 묻어나게
부드러운 흐름을 타고, 가슴을 지나치게
시를 다룰 수 있게 자유를 그리다

흙이 되리라

나 흙이 되리라

돌처럼 야문 어떤 것
야물디 야문 존재 깨어
깨고, 깨어서, 흙을 만들어
물을 부어, 원하는 모양 만들리라

힘겨운 날이 되어도, 좋으리
잊혀진 존재가 되어도, 좋으리
힘겨움은 존재를 낳고, 잊혀짐은 존재를 만들리라

흙이 되리라
모든 걸 잊을 수 있는
돌보다 자유로운 흙이 되리라

내 안에 괴물이 산다

밤이다
달밤이다
가로등마저 조을고
바람이 창을 흔들면
내 방 두 개의 커튼이 펄럭이어
마침내 괴물을 만들고야 만다
"우웅 우웅"
바람이 운다
괴물이 움직인다
바람이 울 때마다 괴물이 움직인다
괴물이 산다
내 눈에 들어와, 내 안에 산다
나는 내가 두렵다

기억 속의 돌담길

돌멩이 하나
무언가가 되고 싶어 한다
원래의 자신이 아닌 더 의미 있는 무언가가 되고 싶어 한다
이 세상에 있는 이유로 더 큰 무언가가 되기 위해 존재한다

무엇일까?
의미란 무엇인가?
있음과 없음
이미지를 향한 또 다른 한 걸음
우리에게 남겨진 건 단지 이미지일 뿐
이미지가 모여, 의미가 되듯
하나의 돌멩이와 돌멩이는 쌓이고, 쌓여, 돌담을 이룬다

다시 돌아와 보면, 돌담은 허물어지고 없지만, 기억 속엔 나지막한 돌담 하나

추억을 두르고 있네

태양을 논함

태양을 논하는 자
눈먼 장님의 눈이 되어, 태양을 논하네
보이지 않아, 마주하고

보이지 않기에, 날카로움을 거르네
한 뼘도 안 되는 그림자로 눈부심을 거르네
세상을 거른다

빛 속의 자유
태양을 보며, 얘기할 수 있는 어둠의 자유

남들에겐 단지 어둠일 뿐이어도, 그에겐 힘이 되어
이 순간 그의 이름은 자유로 나빌레라

슬픔도 희망의 잔재

가슴을 펴고, 감정을 논한다
네 슬픔이 무엇이뇨?
내 기쁨은 무엇이뇨?
슬픔을 꺼내고, 꺼내고, 꺼내면
기쁨을 꺼내고, 꺼내고, 꺼내면
마지막 남은 건 가슴 가득한 희망이었네
슬픔도 희망의 잔재요
기쁨도 희망의 잔재라

저 하늘 끝에서 밤이 내릴지니, 내 가슴은 희망을 펴네
저 땅끝에서 새벽이 틀지니, 내 가슴은 희망을 안네
이 세상 속에서 나는 살아갈지니, 내 가슴우 꿈을 키우네

3부

슬픈 웃음으로 내가 있다

웃음이 나온다
그리 재미있는 세상은 아니어도, 가끔은 재미있어, 웃지만
때론 어이없어, 웃는다

웃음이 즐거움만 담으랴?
눈물이 슬픔만 담으랴?
한없이 즐거우면, 기쁨은 슬픔을 앞세우고
미치도록 슬프면, 슬픔이 기쁨의 탈을 쓴다
미친 슬픔은 기쁨인 양 덩실덩실 춤을 춘다

눈물이 난다
코미디를 보면, 가끔씩 눈물이 난다
눈물이 나올 만큼 웃다보면, 눈가엔 어느새 눈물이 묻어난다

가끔은 눈물로 슬픈, 슬픔으로 웃는 내가 있다

온 곳으로 돌아가다

민들레
따사로운 햇살 받으며
솔솔 부는 봄의 리듬에 몸을 맡긴 연약한 꽃 한 송이

행여 누군가의 손길 닿으면
이내 하얀 피 흘리며, 고요히, 고요히 죽어간다

순수의 존재
아직 세상을 몰라, 세상에게 밝은 미소 보이지만
세상을 알아가며, 미소를 잃어간다

순수의 존재
미소는 잃었어도, 바라는 세상을 보았기에
순수한 마음 닮은 피 뿜으며, 마지막 순간까지 아름답게 죽어간다

내 탓이 아닌 내 탓

타인을 대할 때처럼 나를 대할 때
타인의 손길이 되어, 나를 다듬는다
거울이 내가 되면, 나를 비추고, 다듬어, 정리한다
나를 정리하고, 거울을 정리하고
거울이 정리되면, 내가 정리된다
내가 정리되면, 마음이 정리된다

바람 한 점 내 머리 위로 앉아, 자신만큼 불어와, 자신만큼의 자리를 흩트린다

바람의 몫의 부산함
바람은 정직하다
자신만큼 불어와, 자신만큼의 자리를 흩트린다
욕심을 가지는 법이 없다

넘치지 않는 물이 넘칠 듯 찰랑댄데도, 넘치지 않게 더 이상 흔들리지 않는다

흔들린데도, 그건 바람 탓이 아닌 바람 탓
헝클어진 머리
그것 역시 내 탓이 아닌 내 탓

희망은 기분 좋은 아이러니

"안개 강 너머 저 편엔 희망이 산다"지
"세상은 희망만 보면, 죄수가 되어, 가슴 속 끓어오르는 열망을 취조실에 걸린 시계 보듯 바라본다"지

희망은 그러한 것
고통의 순간에도, "세월"이라는 시곗바늘에 운명이 걸린
희망은 우스운 것

슬픔 속에서도 시간이 간다면, 웃을 수 있고
어둔 밤이라도, 희망이라는 등을 쓰고, 살 수 있는
희망은 기분 좋은 아이러니

내 안의 바다를 거닐어

이내 가슴은 바다입니다
한없이 푸른, 드넓은 바다입니다

부드럽고, 고요한
때론, 비통하고
잔혹한 바다의 심정

어떨 땐 격정적인 폭풍우 같아
현실에서 떠나있던 날이 많아
돌아가고픈 날이 많았어도
매번 내일의 길목에 서 있습니다
초췌한 모습에 목조가 됩니다
파도에 지쳐, 바닷내음에 절어, 잠이 듭니다

쉰 뒤 돌아갈 수 있고, 쉬러 돌아올 수 있는 마음이 여유
여유만큼 비워둡니다

예측과 추적은 끝이 없어라

새가 안경 속을 채우다

새는 달아나려, 날아가지만
새는 벗어나려, 발버둥을 치지만
나는 새를 길들이다
안경 안에 가두어, 길들인다

날아가는 새, 쫓아가는 나
길들이는 나, 달아나는 새
빼꼼 고개 내밀어, 뒤를 따르는 나

길들임은 가르침
구속됨을 가르치고, 누구에 의한 구속임을 가르친다

달아나고, 따라가고
따라가고, 달아나고
뒤를 따르는 나에게 예측과 추적을 하게 한다

내 안에 예측과 추적은 끝이 없어라

삶이란 이상이라는 새 한 마리 길들이는 것이다
 내 안에 새 한 마리는 예측과 추적 사이에서 생을 다하리

이상은 보이지 않는 투명함을 지녀

맨발로 거리에 서다
세상은 거친 법
맨발로. 맨손으로
맨몸으로 살 수는 없을 터
내 몸에 맞는 옷이 내 안에 있으니, 나는 나를 열어야 하리라
그리고 내 몸에 맞는 옷을 찾아야 하리라

사람들은 저마다의 이상이 있다
그런 이상은 흘린 땀만큼 현실화 되는 것
하지만, 언제나 이상을 보면, 이상은 보이지 않는 투명함을 지녀, 보이지 않는다

내 흘린 땀엔 어떤 힘이 있어, 투명한 이상을 푸르게, 푸르게 만들지니
노력이 있다면, 마음만큼은 아니어도, 흘린 땀만큼 희망이 보이리라

어둠 속에서도 보이리라
어둠 속에선 더 잘 보이리라

희망만 찾는다면, 지난날 그가 그랬듯 지난날 내가 그랬듯 그렇게 살리라
미래를 위해 살리라
인생은 살아볼 일이다
아무도 밟지 않은 미지의 땅일 뿐이다

해는 아름다움을 빚는다

날개도 없습니다
있는 것이라곤 다만 타는 가슴
그 안에 어떤 힘이 있어
그대 뜨거운 가슴만으로 저 높은 철탑 위로 내려, 앉습니다
그리고, 비껴보며, 빠알간 미소 짓습니다

마지막은 아름다운 것입니다
아직은 눈부신 것입니다
그 말을 입증이나 하듯 세상을 아름답게 비춥니다
세상을 아름답게 비춥니다

또 하루가 저뭅니다

열목어에게서 세상을 배우다

열목어가 사라지다
정갈함이 그리워, 정갈함을 쫓아, 사라지다

우리의 꿈도 사라지리라
열목어를 닮아서, 열목어를 따라, 사라지리라
보이지 않으리라
우리의 눈에 보이지 않으리라

순수를 가지리라
순수의 눈으로 보리라
그리하면, 순수는 아니어도, 정갈함을 꿈꾸는 마음이 보이리라
그 마음을 가지리라
정갈함을 마시어, 옛날로 돌아가리라
열목어를 가슴에 묻고, 오리라

내 안의 바다를 거닐어 2

바다. 네가 있던 바다
바다. 내가 있던 바다
내 안의 바다
너와 내가 보던 바다

발자국
두 쌍이 지나간
두 줄과 두 줄
멀어지고, 가까워지고
어느 순간 엉킨
다시 나란히 선 발자국

바다. 내가 걸어갈 바다
바다. 네가 걸어갈 바다
끝없는 해안선

기음을 메다

봄을 기다리는 농부의 마음처럼 내 마음은 분주하다네
기음을 메고, 밭을 갈 듯
나를 보듬어, 인연을 맺을 준비를 한다네

내 마음을 다스리는 이는 고운 이
내 안에 사노라네
호숫가 거닐 듯 마음 가 거닐고
무성한 잡초 뽑듯 사심을 뽑는다네

내 마음을 보듬는 이는 어미처럼 내 안에 사노라네
호숫가 거닐 듯 마음 가 거닐고
무성한 잡초 뽑듯 사심을 뽑는다네

내 마음을 보듬는 이는 어미처럼 내 안에 사노라네
어미가 지 새끼 어르듯 여린 마음 안고, 어린 아이 달래노라네

물을 보며 삶을 생각하다

1
여기
뻔질나게 지나는 물결
막을 수가 없네

물 속에 나를 가두어, 물 위의 나를 본다
흐르고, 흐르고
흔들리는 내 모습 맘에 안 들어
흐트러 놓고, 흐트러 놓고
손 내밀어보고, 가만히 잡아 봐도, 내 손마저 흔들리네
마음마저 흔들리네

2
연어 한 마리
그 속의 역행
살이 짓물러, 터져도, 가슴을 내민다
살이 짓물러, 터진대도, 고통을 사랑한다

고통은 생명을 낳는다
고통이 낳는 힘은 고통의 크기만큼 큰 법인 것이다

삶을 산다는 것은 흐름을 역행하는 것
세월을 역행하고, 잊혀짐을 거부하는 것이다

내가 바뀌네

삶. 그것은 익숙해지는 것
내가 서있는 이곳이 낯설지 않도록 세상에 대고, 나를 맞추기
만능문자는 세상에 대고, 나를 맞추는 모양
만능문자는 내 마음의 모양

이젠 두렵지 않은 힘이 되어, 물처럼 나를 바꾸네
세상을 바꾸기 위해 나를 바꾸네
세상을 바꾸기 위해 내가 바뀌네
나만 바뀌면, 세상을 바꿀 수 있어, 물처럼 나를 바꾸네

세상을 바꾸기 위해 내가 바뀌네
가끔은 세상이 나를 바꾸어
다만, 나만이 있다, 없다
밝았다, 어두웠다
왔다, 갔다하네

꿈의 나루터에서

여기 강이 있습니다

흐름 없이, 소리 없이 흐르는
도무지 깊이를 알 수 없는 강 하나 있습니다

우리는 강 하나 사이에 두고
서로를 바라보다, 서로를 외면하다, 서로가 궁금하여 돌아봅니다
강 하나 사이에 두고, 서로가 그리워, 바라만 봅니다

나룻배
내가 당신께 가는
우리 사이에 흐르는
강을 건널 수 있는 유일한 길

이 배로 당신께 가렵니다
배가 나루터에 닿으면, 내 마음 그대 곁에 머물렵니다

봄을 기다리며

제비의 가슴에, 나비의 가슴에
봄의 꽃씨 심어주었지요
동충하초의 넋을 따라 봄이 와요

언제쯤 올까요?
제비 울고, 나비 나는
그런 날이 오면, 세상은 화려해진 모습으로 꽃단장하겠죠?

현실은 소설이 되고,
나는 햄릿이 되어

1

햄릿은 살아있다

소설 속에 살아있듯 현실은 소설이 되고, 나는 햄릿이 되어, 나 하나의 모습이 되어, 나를 말하노라

햄릿이 말했듯 나 역시 말하노라

나를 말하노라

"나머지는 침묵이다"고

햄릿은 가난한 존재

어리석은 이가 되어, 허무를 낳는다

2

마음을 살찌운다

불쌍한 햄릿이 되기 싫어, 어리석은 인간이길 거부하노라

삶이라는 보물찾기

삶이 슬픔만을 담지 말기를
눈물 한 줌 버리고서, 돌아보면, 그 속에 어린 감정 비우지 않은 난 또 다른 모습으로 불씨를 살린다
가슴을 태운다

삶을 산다는 건 슬퍼 보이는 세상 속에서 숨겨진 보물을 찾는 것
어둠 속에선 더 잘 보인다
작은 빛도 큰 의미가 되어, 잘 보인다

해가 지면, 천왕성은 내 별이 된다
보이지 않는 어둠 속에서도 나를 이끈다

개나리는 노오란
꽃의 향연을 벌이다

비가 갠 뜨락에
삼월의 봄볕 아래
푸근한 세상 위에
노오란 꽃잎이 나왔어요

오후를 가득 품어, 노오란 빛 희망의 뉘앙스
봄을 기다리는 꽃이 되어
봄의 문턱에서
가는 이 멀리 보내는
기다림은 꽃이 되었어요

봄이 오면
푸른 빛 물결 집안 가득 넘치고
노오란 꽃잎은 푸른 산꼭대기에 걸린 조각구름 같아요

달빛이 나보다 먼저 편지를 읽는다

편지를 읽는다

낮에 온 손님
밤을 기다려, 어둠으로 마음을 누르고
달빛 창가에 기대어, 달빛이 밝고, 간 뒤를 따른다
발길에 걸린 문자를 혀끝으로 굴린다

느낌. 마음이 자유로워, 자유로운 느낌
느낌. 자유로움을 읽어, 자유로워진 느낌

육체는 그대로이다
편지를 읽으매
자유로워진 이상을 편지 안에 가두고, 다시 편지 안에서 풀어준다
내 생각 가득 바람이 분다
편지를 읽을 때면, 내 안에 바람이 인다

편지를 읽는다
달빛이 나보다 먼저 편지를 읽는다
편지를 읽는다
달빛이 읽은 후에 편지를 읽는다

기억 속엔 안개비만 내린다

오늘도 한 고개
산 하나 넘었소

나 떠난 고향이 멀어지면, 커가는 그리움 따라 흐르는 강물에 마음도 흘러, 가오마는
그리움에 집을 짓고, 하이얀 노을 보며, 사는가 보오

그리움은 휴식
집을 짓고, 몸을 뉘어, 잠을 잔다
그리움은 꿈을 낳고, 행복을 낳으리

푸른 바다. 푸른 빛 파도에 절어, 게슴츠레 눈을 뜨면, 기억 속엔 안개비만 내리오

나는 그대를 닮겠습니다

내 손에 한 줌의 향이 있어, 당신을 불러봅니다
당신은 멀리 있는 듯해 향을 피우고, 마음을 띄워, 당신께 전합니다

내 안에 한 줌 그리움이 있어, 당신에게로 갑니다
내 마음 깊은 곳
그곳에 있는 당신은 아주 먼 길을 떠나는 내게 한없는 자비로 그 미소 띄우십니다

내 혼은 그대를 닮겠습니다
많은 이를 만나겠지만, 그대 향기는 사라지겠지만
내 영혼은 그대처럼 내 향기를 담겠습니다

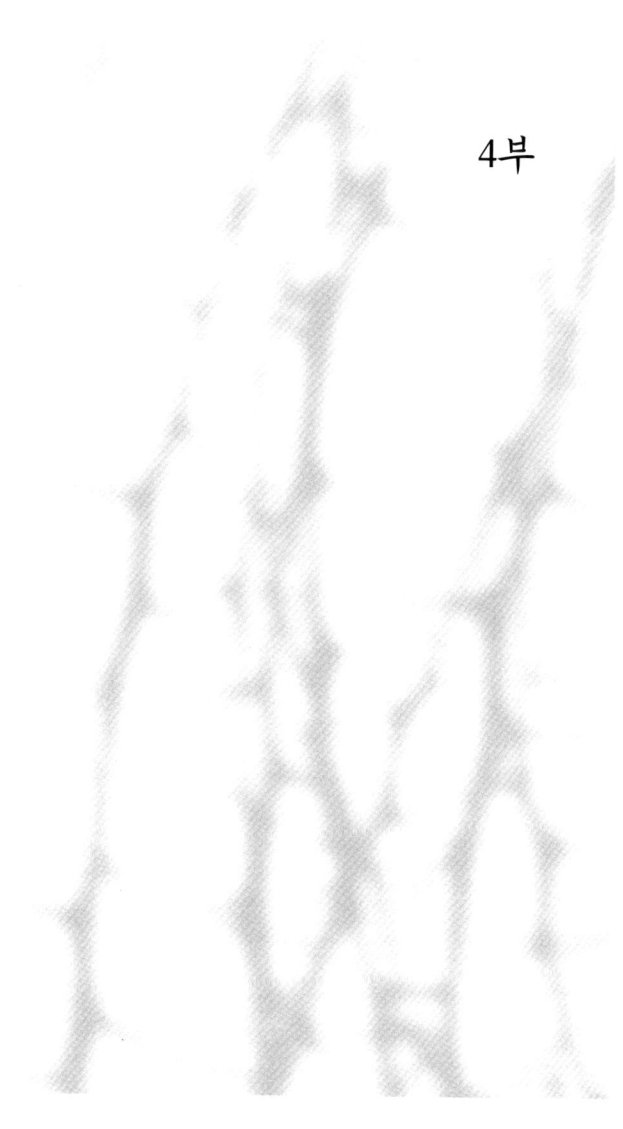

4부

행복해지려 웃는다

문 밖엔 아이들 뛰어노는 소리가 들립니다
누구의 간섭 없이
다만, 행복한 웃음소리 냅니다

나도 그렇게 웃어봅니다
아이가 되고 싶어
행복을 품고 싶어
행복이 넘치게
행복함으로만 웃는 것은 아니기에
웃음으로도 행복해지는 것이기에
행복해지는 그곳에서
행복해지려, 웃음을 뱉는다

귓전을 적신다

내가 있다
다른 이는 없고, 나만이 이 방에 갇혀
내 귀만이 창밖의 비를 맞누나

귓전이 젖었구나
마음이 젖었구나
지붕에 가려, 머리는 젖지 않고
빗소리만 들려, 귓전을 적시누나
마음을 적시누나

머리를 적시는 것보다, 가슴을 적시는 것보다
귓전을 적시는 것이 더 초라하누나
마음을 적시는 것이 더 초라하누나

고통이 남긴 익숙함

익숙해지고, 익숙해지고
위험하고, 위험하고
다시 익숙하고
위험이 익숙하면, 안정한 듯하여도
위험은 그대로인 것을
다만, 고통이 낳는 것은 익숙함이다

고통의 뒤로 덤덤함이 자리를 잡고
한 줄기 폭풍우에 일그러진 심정
폭풍우를 삼키어, 더 깊고 푸르다
결국엔 모든 걸 삼키리

익숙함. 지금의 내가 왼 익숙함
나는 다만 익숙함으로 맘을 바꾸고, 나를 바꾸려한다
물과 같이 어렵지도, 쉽지도 않은 일
고통이 남긴 익숙함에 익숙하려 한다

시를 논하는 그대에게

삶
그것은 열 달 간의 기다림이 빚어낸 존재
존재의 빛

탄생은 고통을 낳아서, 삶을 순수로
나아가, 더 강한 생명력으로 세상을 빚는다

하나의 나무가 도심의 휴식을 가꾸듯
나 또한 하나의 몸짓으로 휴식을 가꾼다

당신의 손이 닿기 전
나의 글들은 한낱 쓰레기일 뿐, 다듬지 않은 바위일 뿐

 당신에 의해 내 시는 오늘도 돌과 보석 사이를 왔다, 갔다한다
 당신에 의해 내 시는 오늘도 허울과 의미 사이를 왔다, 갔다한다

살모사의 넋을 따라

내 넋은 살모사의 넋을 지니고 태어났다
뱃속에서 어미를 갉아먹고, 세상에 나온 살모사처럼
눈앞의 것에 눈이 멀어, 꿈을 먹고, 미래를 먹던 나

그리고 눈먼 이가 말했다
"내 넋은 살모사의 넋을 지녀, 한 생명을 죽여야 한다"고
"그래야 내가 산다"고
"내가 살 길은 그 길밖에 없다"고

그런 이유로 시를 쓴다
시를 쓰는 나는 하루에도 몇 번씩 나를 죽인다
시 안에 살고 있는 나를 죽여, 시 밖에 살고 있는 나를 살린다
나를 죽인다
나를 죽여, 한 생명을 살린다
나는 나를 죽여, 내 속의 나를 살린다

현실은 전쟁이다
피가 난자한 전쟁터이다

　　　* 살모사(殺母蛇)의 의미를 한자를 직역해서 시를 썼음

시인은 시를 마신다

시인의 술잔엔 한 잔 가득 시어가 담겼다
돌린다. 돌린다
술 냄새가 나게 돌린다. 돌린다

우리는 술이 지닌 힘을 알고 있다
승자처럼 첫 잔 들었어도, 둘째 잔 들면
내 손을 잡고, 그는 손 없이 부르네
몸짓 없이 유혹하네
힘은 없어도, 나를 넘어뜨리네

무엇이든 넘치는 건 모자람만 못하다
시에 취해, 허우적대고, 돌아보면, 발자국만 어지럽게
뿌려졌네
짧은 시가 복잡하다

내 눈 속에 노을을 가둔다

너의 시선을 내 눈 속에 가두면, 내 속은 붉게 물든다
아마도 너는 가시 돋친 장미를 닮았나보다
붉은빛 예쁜 꽃잎
가슴을 찌른 날카로움

그래서 너를 안으면, 노을에 기대어, 쉬면
가만 가만
온몸 가득 피가 나고
내가 죽어가나 보다
검게 물들어, 내 모습 나조차 볼 수 없나보다

나는 해질녘 노을을 가둔다

나를 닦는다

나로 힘겹다
나는 나의 이름으로 힘겹다
하나일 때 힘겨운 건 하나여서, 힘겹고
여럿일 때 힘겨운 건 하나가 그리워서라

열목어는
깨끗한 물에만 산다는 열목어는
맑은 물을 찾아, 오르고, 오르네
오르고, 올라, 하늘에 닿았네

나를 닦는다
내가 그리울 때면, 내가 그리운 날이면
지난날의 날 그리며, 나만큼은 아니어도, 염치만큼 나를 닦는다

거울 속엔 내가 없다

거울 속엔 고요함뿐이다
머리칼 날리는 봄바람 불어와, 마음을 흔들어, 놓아도
그의 모습은 요지부동이다
햇살에 머리칼만 반짝인다
햇살에 반짝이는 머리칼만 부산하다

사자같이 하이얀 옷을 입은 듯한 내가 있고
누군가의 부름과 함께 내 모습은 달아난다
그를 찾아, 잠시 나와 멀어진다

이제 나를 만난다
다시 거울 앞에 서면, 나는 거기 있다

항상 거기 있지만, 항상 거기 있지 아니하다
존재하지 아니하다

등불 하나

내 마음은 하늘에 닿아있습니다

어둠이 내려와, 밤이 어두우면, 길을 가다, 부대낀 세상만큼 내 마음 현실에 얽매어 있어
눈 뜨고, 길을 걸어도, 발길에 걸릴 세상이 걱정입니다

내겐 힘이 없습니다
언제나 세상 앞에 무릎 꿇습니다
와사등 불빛은 어둠을 밝혀줍니다
내 불안을 태웁니다
어두워진 내 맘마저 밝힙니다
나는 그 안의 힘으로 나타나고, 또 사라집니다
나는 홀로 존재하지만, 그건 당신의 힘으로 존재합니다
그건 당신의 능력으로 있을 수 있습니다
그대의 빛이 내 몸과 합일되면, 나는 비로소 하나의 존재가 됩니다

이제 그런 힘을 키웁니다
나도 꺼지지 않는 등불 하나 켭니다

모든 문제는 안에 있다

기다림이 만든 병
익숙함으로 만들어진 병
허탈감이 가득한 병

가슴을 졸이는 나
마음을 멍들이는 나
허무를 만드는 나

피를 말리는 기다림
감성을 지우는 익숙함
희망을 없애는 허탈감

모두가 나에게서 비롯됨이다

세수를 하며

   내 마음 아침이 오면, 가슴에 맺히는 이슬 따라 가만히 고개 듭니다

   맺히는 이슬 따라 눈 뜨는 마음
   이슬 한 줌으로 세수합니다
   한 가닥 햇살로 가슴을 말립니다
   그대는 어느새 내려와, 부드러운 손길 전합니다

   이는 감정은 파도 같아, 한 가닥 햇살에도 마음 밝아지고
   한 줄기 바람에도 날아가는 낡은 졸음

   내 마음 아침이 오면, 고요한 반란을 꿈꿉니다

기대 혹은 봄비에 관한 생각

돌이 반짝인다
흙이 묻은 자리 봄비에 씻기어, 제 빛깔 찾는가 싶더니

씻기고, 씻기어
닦기고, 닦기여
새삼 돋는 빗발
마침내 빛을 발했다

한참을 보다, 보석인가 싶어, 나가보니
보석은 보이지 않고, 물기가 가득한 자갈만 있더라

커다란 기대감에 허탈감만 커지더라
머리만 젖었더라

봄은 희망만 주는 줄 알았는데, 허탈감도 주나보다

당신께 갑니다

가슴에 가슴을 대고
손과 손을 마주잡는 것은 우리의 운명입니다
가슴이 가슴을 그리워하고, 따뜻한 곳에 머물려하는 건
어쩌면, 어머니의 뱃속에서부터 갖게 된 습성과도 같죠

그래서, 안고 싶고, 서로의 체온을 전하고 싶고
나는 당신께, 당신은 내게 심장의 언어를 전하고 싶어 합니다
하나가 되고 싶어 합니다

나 이제 당신께 갑니다
심장이 얘기하는 그곳을 상상합니다
하나가 되고 싶어 합니다
기쁘거나 슬플 때면, 기쁨과 슬픔을 나눌 수 있는
그런 곳을 만들어 놓고, 당신께 갑니다

꿈, 다시 안길 수 없는 품이 되어

갈 수 없는 나라
이 세상과 동떨어져 존재하는
함께 존재하는 나라

그 누가 갈라놓았길래 이다지도 먼가?
다시 돌아올 수 없는가?
아님, 돌아왔는가?

길
다신 돌아올 수 없는 길이 되어
웃음을 지으며, 돌아설 때
돌아서는 내가 두려워, 눈물 떨구네

하늘 닮은 물

파아란 하늘을 닮은 물 위로 조각구름이 앉았고
얼굴 하나 하늘에 띄워, 구름 따라 내 마음 떠갈 제
내 마음 한없는 자유에 안기네
마음이 풍요로워지네

육신이 흐르고, 흘러, 모진 바람에 트고, 세상에 물들어도
내일을 바라보는 맘으로 오늘도 나는 맑은 물인 양 맑은 생각 담네

내 떠나온 곳은 다시 볼 수 없는 곳
아련한 기억으로 붓을 잡고, 하늘을 그리네
아침 햇살 같던 하늘에 솜뭉치 같던 구름
미소가 하늘과 같던 나를 그리네
아니, 나를 비추는 거울이 되네

이상으로의 짧은 여행

1
나무가 자란다
바르게, 바르게
굽어진 허리를 편다

아니다
허리를 펴는 것이 아니다
몸을 일으키려, 고개 들지만, 자연의 섭리를 거스르는 법이 없다
그게 현실이다
현명함이다
자연 속에 존재가 존재하는 이치
그건 생에 대한 본능이다

2
내 안에 작은 꿈 하나
순수를 되찾고 싶은

잃어버린 것에 관한 그리움

3
자유는 아름답다
아름다움 빚는 자유로 아름답다
생각은 본디 자유로움에서 시작되므로, 생각을 빚는 자유가 아름답다

태양의 죽음

1
 하늘 꼭대기로 향한 발길은 날카로운 철탑에 찔리어, 뜨거운 피를 토한다
 노오란 얼굴이 하얗게 변하고, 조금 어지럽더니, 마침내 검게 물들인다
 세상더러 '자신의 아픔에 애도하라'고 검은 옷을 입혀준다

 슬퍼하기
 태양의 아픔에, 그 슬픔에, 사라짐에 슬퍼하며, 이대로 서있기

 달빛이 으스러지면, 마음을 달랜다
 태양의 슬픔을 덜어낸다

2
 잠자리에 누워, 나는 잠이 된다

꿈자리에 누워, 나는 꿈이 된다

때론
잠자리에 누워, 밤이 된다
잠자리에 누워, 아침이 된다

그가 내 안에 있다

그가 내 안에 있다
나의 모습을 하고, 내 생각을 먹어, 알차게 영근다
나로 인해 커지고, 나로 인해 작아지는 이가 있다

그가 커지면, 내가 힘겹지만
혹시라도 작아지면, 내 설 곳이 작아진다

떠남과 머묾
나타남과 사라짐
있음과 없음
그 사이에 그는 머무른다

내 삶의 한가운데
이곳에 서면, 그의 자리가 허전하다

밤비는 새벽을 몰고 온다

밤비는 새벽을 몰고 온다
저 내리는 빗물에 어떤 힘이 있어, 어둠을 밀어내고, 세상 속에 잠든 땅을 깨운다
빛이 세상을 키운다면, 어둠은 세상을 재운다

세상을 움직이는 건 빛이요
그 힘은 어둠에서 오나니. 모든 것은 어둠에서 존재한다

밤비는 새벽을 몰고 온다
어둠을 가르는 빗줄기처럼, 가슴을 두드린 누구가의 손길처럼
밤비는 어둠을 두드려, 어둠과 어둠의 틈 사이를 비집고, 들어와, 새벽을 몰고 온다

찻잔 속에 태풍처럼

흔들린다 자꾸 흔들린다
엄마 손에 흔들리는 요람처럼
찻잔 속의 태풍처럼
내 마음 사소한 사건에도 요동친다
그렇게 흔들리며 자기 자리를 찾는 것이다

가시나무는 바람으로 자란다

초판 1쇄 발행일 2024년 11월 5일

지은이 김진년
펴낸이 곽혜란
편집장 김명희
디자인 김지희

도서출판 문학바탕
주소 (07333) 서울시 영등포구 여의대방로 379 제일빌딩 704호
전화 02)545-6792
팩스 02)420-6795
출판등록 2004년 6월 1일 제 2-3991호

ISBN 979-11-93802-06-9 (03810)
정가 12,000원

* 이 책의 저작권은 저자에게 있으며 이 책의 전부 또는 일부를
  이용하시려면 저작권자의 서면동의를 받아야 합니다.
* 이 책은 국립중앙도서관, 국회도서관 홈페이지에서 검색 가능합니다.
* 문학바탕, 필미디어는 (주)미디어바탕의 출판브랜드입니다.

이 책은 한국예술인복지재단 지원금으로 제작되었습니다.